W0362722

Doris Iding

7 Minuten Glück

Atempausen für jeden Tag

nymphenburger

Inhalt

Einleitung

Kleine Übungen für mehr Glück im Alltag

Mit diesem Büchlein hältst du den Schlüssel zu deinem Glück in der Hand. Es schenkt dir kleine, aber sehr effektive Übungen, die du täglich machen kannst. Regelmäßig ausgeführt, werden sie dein Gefühl von Selbstwert, Wohlbefinden, innerem Frieden, Einsicht, Effektivität und Selbstmitgefühl verstärken. Sie werden dein Wissen über Selbstwirksamkeit vertiefen und dir zeigen, wie sehr du für dein eigenes Glück verantwortlich bist. Es zutage zu fördern, ist leichter als gedacht. Alles, was du brauchst, ist ein Perspektivenwechsel. Viel zu häufig machen wir unser Glück von äußeren Umständen oder anderen Menschen abhängig. Erkennen wir jedoch, dass wir unabhängig von dem, was uns widerfährt, glücklich sein können, steht uns nichts und niemand mehr im Wege.
Was genau ist Glück? Eine eindeutige Antwort gibt es nicht. Es gibt verschiedene Definitionen für dieses Gefühl, das jeder Mensch anders empfindet. Letztendlich hängt es davon ab, wie du etwas wahrnimmst und was du vom Leben erwartest. Aber deutlich ist, dass sich alle Menschen danach sehnen. Die Wege zum Glück sind ebenfalls sehr unterschiedlich. Die buddhistische Psychologie zum Beispiel geht davon aus, dass unser Glück maßgeblich von der Qualität unserer Gedanken abhängt. Deshalb ist es so wichtig, den eigenen Geist, in dem all unsere Wünsche und Sorgen entstehen, zu

kennen. Da sich Geist und Gehirn wechselseitig beeinflussen, ist es wichtig, den eigenen Geist zu beherrschen, damit Ängste und Sorgen einem nicht den Schlaf rauben und sich in den Weg zum eigenen Glück stellen. Das wird dir gelingen, wenn du bereit bist, dich dir täglich 7 Minuten zuzuwenden, um störende Gedanken wie Wut, Angst, Eifersucht und Neid und die daraus resultierenden Gefühle bewusst und achtsam wahrzunehmen und ihnen beispielsweise mit Dankbarkeit, Achtsamkeit, Mitgefühl und Freude entgegenzuwirken. Das heißt nicht, dass wir schwierige Gefühle ignorieren und uns das Leben schönreden sollen. Ganz im Gegenteil: Wir wenden uns den Schwierigkeiten in unserem Leben bewusst zu und heißen sie als eine Art geistige Schulung willkommen. Wir betrachten unsere Probleme als gute Freunde, die uns zeigen, wo wir gerade stehen und was wir noch lernen dürfen, damit wir endlich aus uns selbst heraus glücklich werden.

Der Schlüssel zum Glück

Die buddhistische Psychologie ist ein wunderbarer Kompass auf dem Weg zum Glück. Buddha erkannte, dass wir nur wirklich glücklich sein können, wenn wir bestimmte Tatsachen des Lebens akzeptieren. Diese sind: Jeder Mensch wird irgendwann krank, alt und sterben. Wir selbst und die Menschen, die wir lieben, inbegriffen. Wenn wir diese Gegebenheiten als Teil des Lebens anerkennen und sie nicht länger persönlich nehmen, haben wir einen riesigen Schritt auf dem Weg zum inneren Glück gemacht.

Eine solche Sichtweise ist nicht pessimistisch. Ganz im Gegenteil: Sie weist uns auf die Kostbarkeit des Lebens hin. Sie möchte uns daran erinnern, was für ein großes Geschenk es ist, als Mensch geboren zu sein, und wie gut wir daran tun, diese Gabe zu schätzen.

Glückshormone freisetzen

Bei allem, was uns glücklich macht – Klänge, Empfindungen, Gerüche, Gefühle –, spielt die Ausschüttung verschiedener Glückshormone eine wichtige Rolle. Dabei handelt es sich genau genommen aber weniger um Hormone als um Neurotransmitter und Botenstoffe. Sie reduzieren im Körper Stress und rufen Glücksgefühle hervor. Zu den wichtigsten Botenstoffe zählen:

Endorphine: Sie sind die bekanntesten Botenstoffe unseres Körpers. Sie sind quasi körpereigene Schmerzmittel und wirken ähnlich wie Morphium und Opium. Verletzen wir uns, werden sie sofort ausgeschüttet. Sie haben großen Einfluss auf unsere Stimmung und regulieren unser Hungergefühl. Gibt unser Körper den Befehl, sie auszuschütten, kann das – je nach Menge – zu einem regelrechten Rauschgefühl führen. Dieses Phänomen ist Profisportlern nur allzu gut bekannt. Kurz vor der Erschöpfung wird ihr Körper von einem ganzen Schwall an Endorphinen überflutet und stellt so einen enormen Energieschub zur Verfügung, um Leistungen zu vollbringen, die normalerweise gar nicht möglich wären.

Dopamin: Dieser Stoff sorgt dafür, dass unsere Gefühle im Gehirn weitergeleitet werden, und ist dadurch daran beteiligt, inwiefern wir Glück empfinden. Dopamin sorgt dafür, dass die Durchblutung angeregt wird und sich Glücksgefühle im Körper ausbreiten.

Noradrenalin: In stressigen Situationen ist dieser Botenstoff unsere Rettung. Er schenkt uns bei starken Belastungen die Fähigkeit, fokussiert zu bleiben.

Oxytocin: Dieses allerseits beliebte sogenannte Kuschelhormon begleitet uns von klein auf, weil es bereits ausgeschüttet wird, wenn eine Mutter ihr Baby das erste Mal in den Arm nimmt und stillt. Dadurch entsteht die tiefe Bindung zwischen Mutter und Kind. Ebenfalls ausgeschüttet wird es, wenn wir gestreichelt wer-

den, und das führt dazu, dass wir uns geliebt und geborgen fühlen. Da zwei so gegensätzliche Gefühle wie Geborgenheit und Einsamkeit nicht gleichzeitig empfunden werden können, reduziert Oxytocin gleichzeitig Stress- und Angstgefühle.
Serotonin: Dieser Stoff lindert unsere Schmerzen, reguliert unsere Stimmung und beeinflusst unser Sexual- und Schlafverhalten. Im Winter kann ein Mangel zu Depression, Müdigkeit oder Trägheit führen.
Je bewusster wir also mit unserem Geist arbeiten und dafür sorgen, dass unser Körper diese Botenstoffe produziert, desto glücklicher werden wir. Das heißt aber auch, dass uns das Glück nicht in den Schoß fällt, sondern dass wir ganz aktiv Glück herstellen können.

Glück ist, was du daraus machst

Richten wir unseren Geist und unsere Gedanken primär auf Sorgen, Angst, Selbstkritik oder Wut aus, wird unser Gehirn entsprechende Hormone ausschütten und negative neuronale Strukturen bilden, die Angst, wenig Selbstwert und Wut auf andere zum Ausdruck bringen. Umgekehrt funktioniert es genauso: Lenken wir unsere Aufmerksamkeit auf das, was uns nährt, stärkt und erfüllt, bilden sich solche neuronalen Strukturen, die mehr Freude, Entspannung, Gelassenheit und Glück nach sich ziehen. Da wir evolutionär bedingt die Tendenz haben, unseren Fokus auf das Negative zu richten, müssen wir uns immer wieder darauf fokussieren, unsere Aufmerksamkeit von negativen Gedanken und Gefühlen hin zu einer Geisteshaltung, die uns glücklich macht, zu lenken.
Haben wir unser Bewusstsein erst einmal dahingehend geschult, dass sich unser Gehirn immer häufiger unserem Geist anpasst,

werden wir unsere Aufmerksamkeit nach und nach ganz automatisch immer mehr auf das richten, was uns glücklich macht.

Weniger ist mehr

Eine weitere wichtige Erkenntnis ist, dass es nicht noch ein weiteres Smartphone und auch kein weiteres Paar Schuhe oder einen Urlaub auf den Malediven braucht, um glücklich zu sein. Viel wichtiger und Glück verheißender sind die Kultivierung von Werten wie Dankbarkeit, Achtsamkeit, Respekt und die Aspekte wie Selbstwirksamkeit, Resilienz und subjektives Wohlbefinden. Das alles sind Werte, die wir weder in der Schule noch an der Universität lernen, die aber für unser eigenes Glück maßgeblich sind. Es sind nachweislich die positiven Aspekte der menschlichen Existenz.
Während die buddhistische Psychologie schon Jahrtausende alt ist, steckt die Positive Psychologie noch in den Kinderschuhen. In die Lehrpläne der Hochschulen hält dieser Ansatz erst nach und nach Einzug, obwohl viele Therapieformen auf der Bedürfnispyramide von Abraham Maslow (1908–1970) basieren.
In den letzten Jahren erlebt die Positive Psychologie einen regelrechten Boom. Die Wahrnehmung der Gesellschaft, dass nur Geld und Erfolg uns glücklich machen, hat sich in den letzten Jahren sehr gewandelt. Mittlerweile wächst das Bewusstsein dafür, dass Selbstmitgefühl, Resilienz, Gelassenheit und ein tiefes Verständnis der eigenen Gefühle und Empfindungen die Voraussetzungen für ein glückliches Leben sind.
Die Anwendungsbereich des Buddhismus und der Positiven Psychologie sind so vielfältig, dass jeder Aspekt des Lebens davon profitieren kann. In diesem Büchlein findest du eine Synthese aus beiden Strömungen.

Es einfach tun – Die Erfolgsformel für wahres Glück

Die Praxis ist der Weg. Wenn du dir regelmäßig, also jeden Tag, 7 Minuten Zeit nimmst, um die positiven Qualitäten in dir zu stärken, und negative Gedanken, Worte und Taten reduzierst, wirst du nachweislich glücklich werden.

Allein dadurch, dass du dir jeden Tag 7 Minuten Zeit schenkst, setzt du dir selbst ein Zeichen: Du machst dir bewusst, dass du selbst wichtig bist. Eine solche Erfahrung kann lebensverändernd sein. Besonders dann, wenn wir bisher selten das Gefühl hatten, dass sich andere für uns interessieren. Oder uns das Gefühl vermittelt wurde, es sei egoistisch, sich mit sich selbst und seinen Gefühlen und Bedürfnissen auseinanderzusetzen.

Nehmen wir unser Glück selbst in die Hand, verlassen wir unter Umständen die eigene Komfortzone. Übernehmen wir Verantwortung für die eigenen Gedanken und Gefühle, werden wir uns unserer Selbstwirksamkeit bewusst. Besonders in solch schwierigen Zeiten, wie wir sie aktuell gesellschaftlich erleben, in denen die Ereignisse in der Welt aus dem Ruder zu laufen scheinen, ist es sehr heilsam und wichtig, wenigstens den ein oder anderen eigenen Lebensbereich aktiv positiv beeinflussen zu können.

Die Übungen in diesem Buch sorgen für Orientierung, Klarheit, Gelassenheit und Stabilität. Sie helfen dir, dich auf das auszurichten, was dich glücklich macht. Jeder Tag unterstützt dich darin, einen tieferen Zugang zu deiner Intuition, deiner inneren Stimme und deinem Glück zu finden. Warum also auf besondere Gelegenheiten warten, wenn du jeden Tag nutzen kannst, um ihn zum glücklichsten Tag deines Lebens zu machen?

TAG 1

Montag

Übe dich in Dankbarkeit

„Dankbarkeit ist das Gefühl des Staunens und der Feier des Lebens." Zu diesem Schluss kam Robert Emmons, einer der führenden Forscher zur Dankbarkeit. Der Psychologe fand durch zahlreiche Studien heraus, dass Dankbarkeit uns glücklicher, mitfühlender, hilfsbereiter und optimistischer stimmt. Ob wir unserem Lieblingsmenschen dankbar sind, an eine höhere Macht glauben oder daran festhalten, dass das Schicksal es gut mit uns meint, ist egal. Das Ergebnis ist dasselbe: Dankbare Menschen sind zufriedener mit sich und dem Leben und darüber hinaus auch gesünder.

Willkommen, neue Woche!

Ein Experiment von Emmons macht deutlich, wie Dankbarkeit wirkt. Personen einer Versuchsgruppe sollten über einen Zeitraum von zehn Wochen abends notieren, wofür sie dankbar sind. Eine zweite Gruppe schrieb fünf Dinge auf, über die sie sich im Verlauf des Tages geärgert hatte. Eine Kontrollgruppe notierte fünf Dinge, die im Verlauf des Tages geschehen waren. Das Resultat zeigte eindeutig, dass die Teilnehmenden der Gruppe, die sich in Dankbarkeit übte, wesentlich glücklicher mit sich selbst und dem Leben waren. Sie trieben mehr Sport und litten weniger unter Kopfschmerzen, Husten und Schwindel. Und sie schätzten das Leben mit seinen zahlreichen kleinen Überraschungen sehr.

Nimm dir Zeit für dich.

Ein wirksames Gegenmittel gegen negative Gefühle

Dankbarkeit ist ein sehr wirksames Gegenmittel gegen Ärger, Neid, Feindseligkeit und Sorgen. Das hängt damit zusammen, dass bestimmte Gefühle nicht miteinander kompatibel sind. Wir können uns zum Beispiel nicht gleichzeitig ärgern und glücklich sein. Wenn du im Alltag auf Dinge achtest, für die du dankbar bist, haben Neid, Feindseligkeit und Sorgen keine Chance, dir das Leben schwer zu machen. Die Konsequenz ist: Wer dankbar ist, genießt den gegenwärtigen Moment viel mehr und sieht, was das Leben an positiven Überraschungen bereithält. Das Selbstwertgefühl nimmt

DEIN MONTAGSRITUAL:
EIN POSITIVER TAGESRÜCKBLICK

Erholt vom Wochenende und trotzdem nicht hochmotiviert in die neue Woche starten können – das sind zwei widersprüchliche und gleichzeitig montagstypische Empfindungen für viele Menschen. Der Umschwung vom selbstbestimmten Wochenende hin zur vorgegebenen kommenden Arbeitswoche kann die Stimmung trüben. Umso wichtiger ist es, das Gute nicht aus den Augen zu verlieren.
Nimm dir am Montagabend Zeit, um dir die schönen Momente und Erfolge des ersten Arbeitstages der Woche noch einmal Revue passieren zu lassen. In Hinblick auf diese Übung wirst du deine Wahrnehmung an diesem Tag viel bewusster auf positive Ereignisse richten und sie dir merken, um sie abends aufzuschreiben. In einem weiteren Schritt kannst du dir überlegen: „Was habe ich selbst dazu beigetragen, dass ich diese Situation als schön erlebe?“ Vielleicht fällt dir ein, dass du dem Kollegen ein Kompliment für seine Zuverlässigkeit gemacht hast und er über das ganze Gesicht gestrahlt hat.

Übung

7 MINUTEN ZEIT FÜR DEINE AUSRICHTUNG

Glaubst du, dass du vor lauter Arbeit gar keine Zeit hast, in aller Ruhe eine kleine Meditationseinheit einzubauen? Beobachte mal, wie genau du in den Tag startest. Womit beschäftigst du dich, nachdem du wach geworden und aufgestanden bist? Konzentrierst du dich darauf, an deinem persönlichen Glück zu arbeiten, oder lenkst du dich damit ab, in den sozialen Netzwerken zu surfen und zu liken und zu posten, um von anderen Menschen ein bisschen Aufmerksamkeit zu erhaschen? Oder schreibst du erst einmal ein paar Nachrichten, um deine tägliche Dopamindosis über das Smartphone zu erhalten? Denke daran, dass du in den sozialen Netzwerken primär viel Zeit und Energie verlierst. All diese Handlungen bringen dich eher weg von dir, als dass sie dein inneres Glück nähren. Schreibe in die linke Spalte all jene Energiefresser, nervenraubende Dinge und Situationen, auf die du diese Woche verzichten möchtest, weil sie dich von dir ablenken. In die rechte Spalte schreibst du Namen von Menschen und Dinge, die dich nähren und stärken.

Nutze ruhige Momente, um den Fokus auf das zu legen, was dir guttut.

Nicht die Glücklichen sind dankbar. Es sind die Dankbaren, die glücklich sind.
Sir Francis Bacon, englischer Philosoph (1561–1626)

ebenfalls zu, weil das Gefühl entsteht, vom Leben gesegnet zu sein. Dankbare Menschen erkennen, dass niemand eine Insel ist. Niemand lebt für sich allein. Wir sind auf andere Menschen angewiesen. Deshalb ist es wichtig, dass Sie die Taten anderer wertschätzen und anerkennen, dass wir einander brauchen. Das wiederum führt dazu, dass man selbst viel hilfsbereiter ist und die eigenen sozialen Beziehungen bewusster und liebevoller pflegt. Hier und da können wir auch für jene Beziehungen in unseren Leben dankbar sein, die uns triggern. Wenn wir uns über jemanden ärgern, so hat das auch immer etwas mit uns selbst

Lege deinen Fokus auf Menschen und Situationen, die dich wachsen lassen.

zu tun. Anstatt den anderen zu verurteilen, können wir schauen, ob wir selbst diese Eigenschaft unbewusst haben. Wenn wir uns hier ganz achtsam und liebevoll den Gefühlen stellen, die auftauchen, wenn wir einen anderen Menschen verurteilen oder anklagen und wahrnehmen, woher wir sie kennen, können wir mit sehr alten, tiefen Verletzungen in Kontakt kommen. Lassen wir sie da sein und stellen wir uns ihnen, kann tiefe Heilung in uns selbst und auch in der Beziehung zu diesem anderen Menschen geschehen.

Übung

DANKBARKEIT FÜR EINE NEUE WOCHE

Du sitzt in einer aufrechten Haltung. Die Füße haben Kontakt mit dem Boden, die Handflächen ruhen auf den Oberschenkeln, die Handflächen sind nach oben geöffnet.
Schließe deine Augen und entspanne dich. Atme in dein Herz hinein und zwischen deinen Schulterblättern aus. Nimm wahr, wie alle Anspannung durch die Ausatmung von dir weicht. Lenke deine Aufmerksamkeit in deine Hände und fokussiere dich darauf, dass eine neue Woche vor dir liegt, die es dir möglich macht, bewusst daran zu arbeiten, dass sich dein innerer Frieden vertiefen darf. Mache dir auch bewusst, was für ein großes Geschenk es ist, atmen zu können. Atme mit jedem Atemzug die Kraft des Lebens über deine Hände ein. Lasse ausatmend die Dankbarkeit zu deiner lenkenden Energie für diese Woche werden. Du kannst dir ausatmend innerlich auch sagen: „Ich bin dankbar dafür, atmen zu können." Oder „Ich bin dankbar dafür, dass eine neue Woche vor mir liegt, die ich bewusst gestalten kann."

TAG 2

Dienstag

Schenk dir ein Lächeln

Unser Körper spielt bei der Empfindung von Glück eine zentrale Rolle. Im Belohnungssystem des Gehirns werden Neurotransmitter wie Dopamin ausgeschüttet und zum Hypothalamus transportiert. Dieser wandelt die Neurotransmitter in Neurohormone um, die weiter an die Hirnanhangsdrüse geschickt werden. Die wiederum flutet die Hormone ins Blut und von hier aus weiter in alle Regionen des Körpers. Das Resultat: Uns durchströmt ein umfassendes Glücksgefühl.

Der kürzeste Weg zwischen zwei Menschen: ein Lächeln

Lächeln ist der Inbegriff von Glück. Diese einfache, aber sehr wirkungsvolle Geste hilft uns dabei, die Beziehung zu uns selbst und zu anderen zu bessern. Ein Lächeln lässt uns mit unseren Mitmenschen in Beziehung treten und ebnet uns den Weg in ihre Herzen. Allerdings ist uns nicht immer zum Lächeln zumute. Wenn wir uns von Stress und vielen Sorgen mitreißen lassen, vergessen wir diese kleine wirkungsvolle Geste häufig. Wir können aber versuchen, immer wieder daran zu denken, uns ein Lächeln ins Gesicht zu zaubern.

Blumen können ein Lächeln ins Gesicht zaubern.

Vielleicht kommt dir ein bewusstes Lächeln lächerlich vor. Es gibt Menschen, die halten es gar für Heuchelei. Ein Lächeln kann aber dein Schlüssel zum Glück werden, weil die Beziehung zwischen einem Lächeln und guten Gefühlen nicht unidirektional, also nur in eine Richtung gehend, ist. Das bedeutet, dass ein Lächeln nicht immer nur eine Reaktion auf eine schöne Situation sein muss. Es geht auch andersrum: Du kannst Situationen positiver empfinden, wenn du lächelst. Wenn du diesen einfachen Trick anwendest, wirst du dich nicht nur körperlich entspannen, sondern dich auch glücklicher fühlen. Wenn du lächelst, interpretiert dein Gehirn, dass gerade keine Gefahr in der Nähe ist, es dir gut geht und du glücklich bist. Dein Gehirn wird alles in die Wege leiten, damit du dich auch entsprechend so fühlst: Endorphin, Serotonin und andere Botenstoffe werden freigesetzt, und die Produktion der Stresshormone Cortisol und Adrenalin wird gehemmt.

DEIN DIENSTAGSRITUAL: EIN LÄCHELN FÜR DEINE ORGANE

Ein strahlendes Lächeln ist die beste Medizin für immerwährendes Glück. Darauf kannst du jederzeit zurückgreifen und solltest das im Verlauf des Tages auch so oft wie möglich tun. Taoistische Meister gingen davon aus, dass Organe beim Lächeln ein honigähnliches Sekret absondern, das den Körper ernährt und ihm positive Energie zuführt, und sie setzten das Lächeln deshalb bewusst als Heilmethode ein. Sie glaubten, dass Gefühle wie Zorn, Wut, Aggressionen und Neid zur Absonderung eines schädlichen Sekrets führen würden. Dieses würde sich entsprechend negativ auf den Organismus auswirken und die Energieleitbahnen des Körpers verstopfen. Wir tun also gut daran, unserem Körper und unseren Organen im wahrsten Sinne des Wortes ein Lächeln zu schenken.

So geht's: Komme in eine bequeme Sitzhaltung, entspanne dich und schließe deine Augen. Gehe nun mit deiner Aufmerksamkeit zu deinen Füßen. Verweile drei Atemzüge dort, danke ihnen für die viele Schritte, die sie für dich gehen, und lächle ihnen zu. Wandere mit deiner Aufmerksamkeit höher zu den Waden, danke ihnen und schenke auch ihnen ein Lächeln. Weiter geht's zu den Knien. Lächle jedem Knie zu und schicke ihm ein kleines Dankeschön. Wie viel halten diese beiden Gelenke doch für uns aus! Gehe nun weiter zu den Oberschenkeln. Auch diese werden sich über ein Lächeln freuen – ebenso der Beckenboden, dein Geschlechtsteil und deine Hüften, dein Bauch, dein Brustraum, deine Arme und deine Hände. Wandere weiter zum Gesicht. Auch hier kannst du einige Atemzüge verweilen und dir bewusst machen, was die Sinnesorgane in deinem Gesicht alles für dich tun – sei auch ihnen dankbar.

Übung

7 MINUTEN ZEIT FÜR ANDERE

Suche dir einen schönen Ort, einen Platz, der dich allein schon durch seine Schönheit erfreut und dich zum Lächeln bringt! Setze dich bequem hin. Genieße die wohltuende Umgebung. Vielleicht siehst du blühende Blumen, einen blauen Himmel, bunte Vögel oder ein schönes Foto an deiner Wohnzimmerwand. Schenke diesem Gegenstand ein Lächeln und schließe deine Augen. Sammle dich und nimm deinen Atem wahr, ohne ihn verändern zu wollen. Konzentriere dich auf deinen Atem. Stelle dir nun vor, dass ausatmend alles Schwere, Traurige und Negative durch deine Füße in den Boden sinkt und an dieser Stelle kleine Butterblumen wachsen werden. Wenn du das Gefühl hast, dass du entspannt bist, stelle dir eine Person vor, die du magst. Eine Person, die du nicht jeden Tag siehst. Vielleicht sogar schon lange nicht mehr gesehen hast. Schenke diesem Menschen ein Lächeln. In deiner Vorstellung lächelt dieser Mensch zurück. Nimm dieses Lächeln mit jedem Ein- und Ausatmen ganz bewusst in dir auf. Du wirst spüren, wie sich dein Gesicht mehr und mehr entspannt. Halte dieses Lächeln nun für mehrere Minuten und trage den Menschen dabei in deinem Herzen. Nimm abschließend drei tiefe Atemzüge.

Ein Lächeln für deine Feinde

Die Übung des Lächelns können wir auch mit einem Menschen machen, zu dem wir ein schwieriges oder angespanntes, ja manchmal sogar feindliches Verhältnis haben. Von diesen Menschen hal-

Sich gegenseitig ein Lächeln schenken, löst Glücksgefühle aus.

ten wir nicht viel, unsere Gefühle ihnen gegenüber sind negativ. Wenn wir nicht aufpassen, werden diese Gedanken – nach dem Gesetz von Ursache und Wirkung – irgendwann zu uns zurückkehren. Hierauf baut auch die Theorie, dass sich negative Gedanken über einen anderen Menschen irgendwann in unserem eigenen Körper als Schmerzen manifestieren. Die folgende Übung ist ein hilfreiches Gegenmittel. Ein achtsamer Umgang mit Gedanken ist deshalb sehr wichtig.

Das Geheimnis des Glücks liegt nicht im Besitz, sondern im Geben. Wer andere glücklich macht, wird glücklich.
André Gide, Schriftsteller (1869–1951)

Komme mit deiner Herzensgüte in Kontakt und spüre die Liebe in dir.

Übung

HASS IN LIEBE WANDELN

Schließe deine Augen und atme einige Male tief ein und aus. Konzentriere dich auf den Atem, ohne ihn beeinflussen zu wollen. Nimm ihn einfach wahr. Versuche, mit deiner eigenen Herzensgüte in Kontakt zu kommen. Stelle dir vor, wie sich von deinem Herzen aus ein Gefühl der Wärme und Liebe in deinem Körper ausbreitet. Rufe dir den Menschen vor dein inneres Auge, mit dem du Probleme hast. Atme weiter bewusst ein und aus. Stelle dir vor, wie dieser Mensch langsam auf dich zukommt, bis er eine Entfernung erreicht hat, die für dich noch angenehm ist. Schaue ihn an und versuche, ihn als einen ganz normalen Menschen wahrzunehmen und nicht als deinen Feind zu betrachten. Er oder sie ist genauso verletzlich wie du selbst und leidet wahrscheinlich genauso unter der Spannung, die zwischen euch herrscht, wie du selbst. Stelle dir weiter vor, dass du diesem Menschen mit einem offenen Herzen begegnest und ihn mit der Herzenswärme, die du in deinem eigenen Körper spürst, anlächelst. Wenn Gedanken und Urteile über diesen Menschen auftauchen, lasse sie vorüberziehen und schenke ihm ein weiteres Lächeln, das von Herzen kommt.

Alles ist mit allem verbunden. Begegnen wir anderen Menschen mit einem offenen Herzen und positiven Gefühlen, werden andere sich auch mehr für uns öffnen. Diese Offenheit füreinander ist ein weiterer Schlüssel zum Glück.

TAG 3

Mittwoch

Stoppe negative Gedanken

Zahlreiche Untersuchungen haben ergeben, dass Meditation die nie enden wollenden negativen Gedankenkreisläufe zur Ruhe bringen kann. Meditation bringt Ruhe in den Kopf, Klarheit in den Geist und Gelassenheit in den Alltag. Das zeigen auch Studien, die der Arzt und Begründer des MBSR-Stressreduktionstrainings Dr. Jon Kabat-Zinn an Tausenden Patienten durchgeführt hat. Das wissenschaftliche Team um Kabat-Zinn konnte mithilfe von Gehirnscans zeigen, dass sich die Gehirnstruktur nach einem achtwöchigen Meditationstraining verändert. Jene Areale des Gehirns, die mit der Verarbeitung von Stress zu tun haben, werden kleiner. Und jene, die es uns möglich machen, uns unserer selbst bewusst zu werden, nehmen zu.

Positive Gedanken

Wenn wir uns unserer selbst bewusster werden, erlangen wir auch mehr Macht über unsere Gedanken. Und das ist einer der wichtigen Schlüssel auf dem Weg zum Glück. Das, worauf du deine Aufmerksamkeit richtest, nimmt zu. Das gilt für das Negative genauso wie für das Positive. Wenn du deinen Blick immer auf das richtest, was dir im Leben fehlt, nimmt deine Unzufriedenheit zu. Schaust du hingegen auf das, was du hast, wachsen deine Zufriedenheit und dein Glücksgefühl.

Sei achtsam.

Um dir noch einmal zu verdeutlich, wie sehr Gedanken dein Wohlbefinden beeinflussen, mache folgenden Test: Denke an eine Situation, in der du große Angst gehabt hast. Denke an einen Menschen, der dich in wenigen Sekunden von null auf hundert bringen kann. Nimm die negative Gefühl wahr und spüre, was allein die Gedanken an diese Situation oder diesen Menschen an Empfindungen auslösen können. Werde dir dessen ganz bewusst. Und nun stelle dir einen Menschen vor, bei dem dir das Herz aufgeht, oder denke an einen Ort, an dem du dich so richtig schön entspannen kannst. Und nimm auch hier das Gefühl wahr, das dieser Gedanke in dir auslöst.

Die meisten Menschen sind so glücklich, wie sie es sich selbst vorgenommen haben.
Abraham Lincoln,
amerikanischer Präsident
(1809–1865)

Wie du gerade erfahren konntest, kannst du deine Aufmerksamkeit bewusst auf etwas Negatives oder Positives lenken. Diese

DEIN MITTWOCHSRITUAL: EIN BLICK AUF DAS GUTE

Glückliche Menschen haben eins gemeinsam: Sie schauen auf ihre positiven Eigenschaften und die guten Ergebnisse, die sie durch diese Qualitäten erreicht haben.
Schaffe dir ein Gute-Qualitäten-Tagebuch an. Schreibe all die positiven Eigenschaften auf, die du hast. Vielleicht bist du besonders zuverlässig, pünktlich, gewissenhaft, ehrlich, treu, genau, herzlich, optimistisch, großzügig, gescheit oder humorvoll.
Nimm dir so viel Zeit, bis du mindestens zehn positive Eigenschaften gefunden hast. Normalerweise fällt uns sofort ein, was wir alles nicht können oder was an uns unvollkommen ist, der Blick auf unsere positiven Eigenschaften aber fällt uns schwer. Überlege dir, wie diese guten Qualitäten dein Leben und das Leben anderer Menschen positiv beeinflussen und wie sie dich und andere glücklich machen. Freue dich über diese Qualitäten. Sie machen deine Einzigartigkeit aus.

Du bist für dich und dein Glück verantwortlich.

Übung macht deutlich, wie einfach es ist, selbst zu entscheiden, womit du dich gedanklich beschäftigen möchtest.

Selbstwirksamkeit macht glücklich

Das Earth Institute der Columbia University in New York hat einige Untersuchungen zur Selbstwahrnehmung von Menschen gemacht und festgestellt, dass die geistige Freiheit eine große Rolle dabei spielt, wie glücklich Menschen sind. Das heißt, das Gefühl, selbst Einfluss auf das eigenen Leben zu haben, spielt für die innere Zufriedenheit eine große Rolle.

Übung

SCHWARZ AUF WEISS – DEINE ERFOLGE

Oftmals gehen unsere persönlichen Erfolge im Trubel des „höher-besser-schneller" unter. Wir machen Fortschritte in einem Lebensbereich, aber statt diese zu feiern und zu genießen, schauen wir auf die Bereiche, in denen wir nicht so gut sind – und kritisieren uns hier. Ein Tagebuch oder Journal ist eine wunderbare Möglichkeit, deine persönlichen Erfolge aufzuschreiben und zu sammeln. Dann hast du schwarz auf weiß, wie gut du bist. Nimm dir einmal pro Woche abends Zeit, um deine Fortschritte, Erfolge zu feiern und festzuhalten.
Unterteilen kannst du sie in:

Beruf: Hier kannst du alles festhalten, was du im Laufe der Zeit erreicht hast. Dazu zählt auch ein gutes Verhältnis zu Kollegen, Hilfsbereitschaft und natürlich das Erreichen eines kleinen Karriereschritts oder großen Ziels. Kehre auch kleine Erfolge nicht unter den Teppich, denn sie machen in der Summe sehr viel aus.

Privat: Hier kannst du all die Meilensteine aufzählen, die dich mehr und mehr zu der Person machen, die du bist oder sein möchtest. Vielleicht bist du durch deine tägliche Yogapraxis beweglicher geworden. Oder du willst zukünftig täglich meditieren, um entspannter zu werden. Möglicherweise bist du eine begnadete Köchin oder ein wunderbarer Tänzer. Vielleicht hast du länger auf etwas verzichtet oder warst länger offline. Vielleicht warst du in den vergangenen Tagen auch besonders hilfsbereit und unterstützend. Es gibt viele Gründe, warum es sich lohnt, dich immer wieder zu loben.

Übung

7 MINUTEN AN EINEM SICHEREN ORT

Schließe die Augen und stelle dir einen Ort vor, an dem du dich sicher fühlst.

Es kann ein realer Ort sein, es kann aber auch eine Mischung aus einem realen Ort und einer Fantasielandschaft sein. Vielleicht ist es ein Haus, in das andere Menschen nur mit deiner Erlaubnis eintreten können. Vielleicht ist es ein Strand, der von Wesenheiten beschützt wird, damit du dich dort vollkommen entspannen kannst. Stelle dir diesen Ort und dich darin so genau wie möglich vor – du bist behütet und sicher! Schaffe diesen Ort mit allen Sinnen und verweile dort 7 Minuten. Genieße ihn mit jeder Zelle deines Körpers und versuche, die Entspannung so tief wie möglich wirken zu lassen. Mache diese Übung regelmäßig, mindestens einmal pro Woche, zu Beginn besser täglich, bis du diesen Ort so verinnerlicht hast, dass du ihn immer und überall für dich aufsuchen kannst.

Wenn wir an uns selbst glauben, werden wir im Leben mehr erreichen, als wenn sich der innere Kritiker zwischen uns und unsere Ziele stellt und uns immer wieder das Gefühl vermittelt, dass wir zu dumm, zu klein, zu dick oder zu alt sind, um das zu erreichen, was wir uns wünschen.

Triff eine Entscheidung

Im Umgang mit negativen Gedanken, Ängsten und Sorgen gibt es nur zwei Möglichkeiten. Die eine Möglichkeit ist, dass du alles so lässt, wie es ist. Das heißt, du resignierst und bleibst in deinem Gedankenkarussell der negativen Gedanken sitzen und lässt dich weiterhin von ihnen leiten und leidest unter ihnen. Damit wirst du dein Leben allerdings maßgeblich einschränken – und glücklich wirst du auch nicht. Die zweite Möglichkeit besteht darin, dich deinen negativen Gedanken zu stellen, sie zu ergründen sowie zu lernen, konstruktiver mit ihnen umzugehen. Die Entscheidung zwischen den beiden Möglichkeiten kann dir niemand abnehmen. Wenn du dich dazu entscheidest, deine negativen Gedanken loszulassen, solltest du dir regelmäßig eine gewisse Zeit dafür einrichten! Gewohnheiten und Denkmuster zu verändern, braucht Zeit. Aber es lohnt sich! Es gelingt dir besonders gut an einem (inneren) Ort, an dem du dich wohlfühlst.

Es lohnt sich, sich die eigenen negativen Gedanken über uns selbst oder andere Menschen einmal wertfrei anzuschauen. Betrachten wir sie liebevoll und mitfühlend, können wir erkennen, dass ihnen häufig ein geringer Selbstwert zu Grunde liegt. Selbstbewusst zu sein bedeutet, dass wir Vertrauen in uns selbst haben. Und wenn wir uns selbst vertrauen, können wir auch andere so sein lassen, wie sie sind. Eine solche Haltung führt zu innerem Glück.

TAG 4

Donnerstag

Finde deinen Flow

Es gibt Momente, in denen wir vollkommen eins sind mit dem, was wir gerade tun. So etwas kann unter anderem beim Joggen, beim Sex, beim Malen, beim Spielen eines Instruments, beim Streben nach sportlicher Höchstleistung, während der Meditation oder auf der Arbeit bei der Umsetzung einer Aufgabe passieren, für die wir brennen. Also quasi überall und jederzeit. Das Herz wird weit, und wir erfahren, dass alles vollkommen ist – so wie es ist. Auch wenn solche Momente Gnade sind, können wir dazu beitragen, dass solche Erfahrungen uns immer wieder geschenkt werden. Und genau solche Momente machen uns glücklich.

Sei achtsam

Diese Erfahrungen sind nicht nur das Ziel der buddhistischen Meditation. In der westlichen Welt erkannte der ungarische Psychologe Mihály Csikszentmihályi, dass diese Erfahrungen auch jenseits des Meditationskissen zu finden sind, und er gab diesem Erlebnis einen Namen: Flow. Mit Flow ist ein Zustand tiefster Konzentration und engagierter Tätigkeit gemeint, bei dem man ganz in dem, was man gerade tut, aufgeht. Dabei tritt das Ich vollkommen in den Hintergrund, und das Verschmelzen mit dem, was gerade erfahren wird, ist so groß, dass es kein Subjekt und kein Objekt mehr gibt. Man fällt quasi aus dem linearen Raum- und Zeiterleben heraus und ist im viel gepriesenen Hier und Jetzt. Ein Gefühl von Leichtigkeit und Verbundenheit stellt sich ein. Bei der Arbeit fließen Kreativität und Produktivität ungehindert ineinander, und beim Sport, beim Sex oder in der Natur entsteht ein wohltuendes Gefühl der Grenzenlosigkeit und des Glücks.

Lass alles fließen.

Glücklich ist nicht, wer anderen so vorkommt, sondern wer sich selbst dafür hält.
Seneca, römischer Dichter und Philosoph (1–65 n.Chr.)

Um in den Flow zu kommen, musst du zu hundert Prozent im gegenwärtigen Moment ankommen. Nur dann kannst du vollkommen eins werden mit deiner Aufgabe. Achtsamkeit heißt hier das Zauberwort. Versuche, deine Achtsamkeit immer wieder neu von Moment zu Moment zu schulen.

DEIN DONNERSTAGSRITUAL: 7 MINUTEN GANZ IM HIER UND JETZT

Statt zwischen dem Gestern und dem Morgen hin und her zu springen, konzentriere dich vollkommen auf das, was du gerade tust. Der Atem ist hierfür ein wunderbarer Anker. Nimm deinen Atem ganz bewusst wahr – vom Beginn der Einatmung bis zum Ende der Ausatmung. Versuche, jeden einzelnen Atemzug ganz und vollständig zu erleben. Praktiziere auf diese Weise einige Minuten. Versuche, dass dein Fokus die ganze Zeit auf deiner Atmung liegt. Solltest du zwischendurch mit deinen Gedanken abschweifen, ist das ganz normal. Hole sie einfach wieder zurück – und fokussiere dich wieder auf deine Atmung!

Übung

EIN KLARES ZIEL VOR AUGEN HABEN

Um deinen eigenen Flow zu finden, brauchst du ein klares Ziel. Die SMART-Methode ist hier eine wunderbare Unterstützung. Entwickelt wurde sie von zwei renommierten US-Psychologen, Dr. Gary Latham und Dr. Edwin Locke. Sie unterteilt deine Ziele in greifbare und umsetzbare Etappen. Bevor du die SMART-Methode anwendest, stelle dir bitte die essenziellen W-Fragen rund um dein Ziel.

- **WAS** möchtest du gerne erreichen?

- **WARUM** ist es so wichtig für dich, dieses Ziel zu erreichen?

- **WER** ist an der Umsetzung beteiligt?

- **WO** ist das Ziel?

- **WELCHE** Behinderungen könnten dir im Weg stehen?

Die Antworten bilden die Grundlage für die Feinabstimmung mit der SMART-Methode. Nicht immer sind alle Fragen relevant. Aber manchmal machen sie uns etwas bewusst, was uns vorher nicht klar war. Jeder Buchstabe von SMART steht für ein bestimmtes Prinzip, das dich bei der Bewältigung deiner Ziele unterstützen kann.

- **S = spezifisch:** Formuliere dein Ziel so genau wie möglich. Dadurch schaffst du innerlich Klarheit darüber, was genau du erreichen möchtest. Vermeide unklare Formulierungen. Dadurch kannst du selbst erkennen, wie realistisch eine Umsetzung ist.
- **M = messbar:** Die Fortschritte sollten sichtbar sein. Nur wenn du erkennst, dass du deinem Ziel näherkommst, bleibst du dran.
- **A = attraktiv:** Damit die Motivation hoch bleibt, suche dir ein Ziel aus, für das du innerlich wirklich brennst und das dich so begeistert, dass du bei möglichen Rückschlägen nicht einknickst.
- **R = realistisch:** Deine Zielsetzung sollte deinen Fähigkeiten und Ressourcen entsprechend umsetzbar sein. Unrealistische Erwartungen an die eigenen Leistungen können zu Frustration und Resignation führen. Achte auch darauf, dein Licht nicht unter den Scheffel zu stellen.
- **T = terminiert:** Setze eine realistische Frist für die Umsetzung deines Vorhabens. Schaffe ein Gefühl von Dringlichkeit und Verbindlichkeit, damit du dranbleibst. Plane großzügig, sodass du Teilziele vielleicht auch früher als geplant erreichst. Das kann dich beflügeln und dir das Gefühl „Ich schaffe das auf jeden Fall!" geben.

Genieße deine Flow-Erfahrungen und mache sie zum Teil deines Glück-Alltags. Sie weiten das Herz und den Horizont und machen dich glücklich.

Elemente des Flows

Csikszentmihályi arbeitete verschiedene Aspekte als zentrale Elemente des Flows heraus. Die erste drei bilden die Voraussetzung, um diesen Zustand überhaupt erleben zu können. Die anderen fünf Aspekte stellen das individuelle Flow-Erleben dar.

1. Du brauchst eine klare Vorstellung davon, was du wirklich willst.
2. Sprich dein Ziel aus und fokussiere dich darauf.
3. Stelle dich Schritt für Schritt möglichen Herausforderungen, die zwischen dir und deinem Ziel stehen, ohne dich dabei zu überfordern.
4. Bleibe bei der Sache und verzettle dich nicht an Nebenschauplätzen.
5. Wenn du ohne Leistungsdruck und den Anspruch, alles perfekt machen zu müssen, bei der Sache bleiben kannst, wirst du dich entspannen und automatisch in den Flow-Zustand kommen.
6. Zeit und Raum lösen sich auf, und du bist angekommen im zeitlosen Flow-Modus.
7. Sind Handlung und Bewusstsein eins miteinander, befindest du dich im Flow. Diese Erfahrung kannst du allein, aber auch mit anderen machen.
8. Du erkennst, dass der Weg das Ziel ist und dass dir jeder Moment ein Gefühl von tiefer Glückseligkeit schenken kann.

Lass es fließen

Csikszentmihályi konnte mit seiner Flow-Theorie nachweisen, dass Menschen, die im Flow leben, von innen heraus, also aus tiefstem Herzen, tun, was sie tun. Sie führen Handlungen deutlich engagierter aus und erledigen Arbeiten deutlich effizienter als Menschen, die durch äußere Faktoren wie Belohnung oder Sanktionen motiviert sind. Der ungarische Psychologe konnte noch weitere Vorteile des Flow-Erlebens ermitteln: Menschen, die den Flow erfahren, erleben bis zu neunmal häufiger Glücksempfinden als solche, die in Raum und Zeit gefangen sind. Flow-Erfahrungen eröffnen einen magischen inneren Raum, der uns zu 500 Prozent kreativer werden lässt.

Es fließen zu lassen bedeutet, sich der gegenwärtigen Erfahrung hinzugeben, ohne auf ein Ergebnis fixiert zu sein. Erlaube deinem inneren Kritiker, sich zu entspannen. Es fließen zu lassen bedeutet auch, dass du nichts Perfektes abliefern musst. Es geht einfach darum, die in dir wohnende Kreativität und Kraft zu entdecken. Mit Leichtigkeit. Mit Genuss. Mit Freude.

Übung

GIB DICH DEM FLOW HIN

Tanze, als würde dir niemand zuschauen.

Singe, als würde niemand zuhören.

Liebe, als wärst du noch nie verletzt worden.

Strahle, als wärst du die Sonne.

Schenke, ohne zu fordern.

Öffne dich für Wunder, als wären sie das Normalste der Welt

Lebe, als wäre hier der Himmel auf Erden.

TAG 5

Freitag

Pflege gesunde Beziehungen

Zwischenmenschliche Beziehungen, die auf Offenheit, Ehrlichkeit, Respekt und Wertschätzung beruhen, sind die größte Quelle des Glücks. Dies fand die Kulturwissenschaftlerin Annegret Braun heraus. Während Geld als Glücksmacher maßlos überschätzt wird, werden Beziehungen bei der Glückssuche häufig unterschätzt. Zahlreiche Forschungen haben gezeigt: Gesunde Beziehungen sind es, die uns erfüllen. Erstaunlicherweise suchen Menschen jedoch nicht darin ihr Glück.

Glücklich dank guten Beziehungen

Eine gute Beziehung wird uns nicht in den Schoß gelegt, sondern sie erfordert Aufmerksamkeit und Arbeit. Vielen Menschen ist es einfach zu anstrengend, Beziehungen zu entwickeln und aufrechtzuerhalten. Dabei sind es gerade diese Verbindungen, die dazu führen, dass wir einen Sinn im Leben sehen und es genießen. Es muss übrigens nicht unbedingt eine intime Beziehung sein. Untersuchungen haben gezeigt, dass Freundschaften genauso glücklich machen können wie langjährige Partnerschaften. Die Anzahl der Freundschaften spielt dabei keine Rolle. Manchmal ist weniger sogar mehr. Gut gepflegte, echte Freundschaften sind mehr wert als viele virtuelle Freunde oder oberflächliche Freundschaften und Bekanntschaften. Eine Freundschaft, die auf Respekt und Achtung basiert, gibt uns Rückhalt und das Gefühl, gebraucht zu werden und wertvoll zu sein. Diese Aspekte wirken sich nicht nur positiv auf die eigene Befindlichkeit aus, sondern können auch die Lebenserwartung steigern.

Spüre Verbundenheit.

Sei ehrlich

Am Anfang jeder Begegnung zeigen wir uns von unserer Schokoladenseite. Wir erzählen unsere Erfolge und geben uns charmant, achtsam und tolerant. Wir wollen beeindrucken, gut ankommen, geliebt werden. Und auch unser Gegenüber möchte, dass wir es in unser Herz schließen. Aber irgendwann kommt der Tag, an dem wir uns öffnen sollten. Nur so lernen wir einander wirklich kennen.

DEIN FREITAGSRITUAL: MACHE KOMPLIMENTE

Genauso wie eine junge Pflanze gepflegt werden möchte, so braucht auch eine Beziehung Zuwendung und Zeit. Es reicht nicht, eine Freundschaft sporadisch zu pflegen. Auch eine Liebesbeziehung muss gepflegt werden. Deshalb ist es wichtig, den Menschen, mit denen du eine Beziehung pflegst, deine Zeit zu schenken. Bewusste Zeit, in der du ihnen deutlich machst, wie wertvoll sie für dich sind. Schenke deshalb heute einem Freund oder einer Freundin bewusst deine Zeit. Nutze diese Begegnung, um Komplimente zu machen. Versuche, aus ganzem Herzen zu sprechen. Teile mit, was genau du an diesem Menschen schätzt und liebst. Und lasse nicht zu, dass dein Gegenüber das Lob kleinredet oder runterspielt. Mache dieses Ritual nach Möglichkeit jede Woche mit einem anderen Lieblingsmenschen.

Übung

SETZE GRENZEN

Wenn deine Beziehungen Bestand haben sollen, ist es unerlässlich, dass du gesunde Grenzen setzt. Du musst nicht zu allem „Ja und Amen" sagen. Wenn du alles nur abnickst, wird sich der andere irgendwann langweilen. Aber viel schlimmer noch: Du wirst nach und nach auf der Strecke bleiben und deine eigenen Wünsche und Bedürfnisse mehr und mehr aus den Augen verlieren. Das macht auf Dauer unzufrieden.
Überlege dir, in welchen Beziehungen du dich zurücknimmst oder keine Grenzen setzt. Mache es dir zur Aufgabe, bei nächster Gelegenheit offen darüber zu sprechen, wo du eine Grenze brauchst und warum sie dir für den Fortbestand der Beziehung so wichtig ist. Sprich von dir und deinen Empfindungen und Bedürfnissen. Überprüfe, ob es dir möglich ist, Grenzen setzen zu können.

Das bedeutet, dass wir unsere Bedürfnisse äußern und Grenzen setzen. Und im Gegenzug auch die Wünsche und Grenzen anderer akzeptieren.

Kultiviere Offenheit

Eine Beziehung wird dich nur dann auf Dauer erfüllen und glücklich machen, wenn du offen und ehrlich über deine Gefühle und Gedanken sprechen kannst. Dich mit deinen Verletzungen, Ängsten und Zweifeln zu zeigen, ist genauso wichtig wie das Auslebenkönnen deiner Sonnenseiten. Besonders in einem Streit oder einer Krise ist es wichtig, dass unterschiedliche Haltungen toleriert werden und ihren Platz haben dürfen. Sie äußern zu können, sollte das oberste Gebot für eine gute Beziehung sein. Dabei ist es egal, ob es sich um eine intime Partnerschaft oder eine Freundschaft handelt.

Glück ist Liebe, nichts anderes. Wer lieben kann, ist glücklich.
Hermann Hesse,
Schriftsteller (1877–1962)

Übung

ZEIGE DICH 7 MINUTEN

Sprich ganz offen über deine Bedürfnisse und Wünsche, besonders dann, wenn du weißt, dass dein Gegenüber eine ganz andere Haltung hat. Teile sie mit und lasse dir eine Rückmeldung geben, was dein Gegenüber verstanden hat und wie deine Worte empfunden wurden. Diese Rückmeldung ist besonders in einem Streit wichtig. Vermeide grundlegend Aussagen darüber, was der andere wohl denkt oder fühlt. Du kannst Gefühle und Gedanken anderer nicht kennen. Viel spannender ist es, die andere Person zu fragen, wie es ihr geht. Mache dir bewusst, dass die andere Person genauso gehört und gesehen werden möchte wie du selbst. Frage deshalb immer wieder nach, wie es dem anderen geht. Und setze niemals voraus, dass du weißt, was in der anderen Person vorgeht. Dadurch ersparst du dir Missverständnisse und sorgst für einen lebendigen Austausch.

TAG 6

Samstag

Schlafe dich glücklich

Gesunder Schlaf ist einer der wichtigsten Glücksfaktoren. Je tiefer dein Schlaf ist, desto besser und gesünder für dich. Der Schlafforschung zufolge brauchen Erwachsene rund sieben Stunden Schlaf. Weniger geht langfristig auf Kosten unserer mentalen und körperlichen Gesundheit.

Der Körper ruht, das Gehirn arbeitet

Schlaf fordert uns zu dem auf, was den meisten tagsüber vollkommen abhandengekommen ist: Uns auf uns selbst zu konzentrieren. Er fordert uns auch auf, loszulassen: vom Alltag, von unseren Ängsten – und von unserem Smartphone. Wir brauchen Schlaf, um alles zu verarbeiten, sowohl auf der körperlichen als auch auf der psychischen Ebene. Während der Körper ruht, arbeitet das Gehirn nachts auf Hochtouren. Folgende Aspekte werden nachts verarbeitet:

Finde Ruhe in dir.

- Die Muskeln erhalten Signale, sich zu entspannen. Dadurch werden all jene schädliche Proteine abtransportiert, die sich im Verlauf des Tages angesammelt haben.
- Alle Eindrücke, die wir im Verlauf des Tages machen, werden nachts vom Gehirn entweder aussortiert oder im Langzeitgedächtnis abgelegt, damit wir uns gegebenenfalls daran erinnern und darauf zurückgreifen können. Alles, was unwichtig war, wird vergessen.
- Nachts sinkt der Blutdruck, was dazu führt, dass Herz und Blutgefäße weniger belastet werden. Damit sinkt auch das Risiko für Herz-Kreislauf-Erkrankungen.
- Das emotionale Gehirn kommt zur Ruhe. Dadurch werden unsere Stimmungen reguliert. Nach einer ausgeschlafenen Nacht sieht die Welt morgens gleich viel freundlicher aus.
- Beschädigte Zellen werden durch Wachstumshormone, die nachts freigesetzt werden, repariert. Sie stärken Knochen und Muskeln, reparieren Hautverletzungen und hemmen Entzündungen.

DEIN SAMSTAGSRITUAL: BETTE DICH MIT ALLEN SINNEN

Wir nehmen alle Sinne mit in den Schlaf. Achte deshalb darauf, dass du es dir rundum richtig schön machst. Lüfte dein Schlafzimmer bereits am Morgen einmal so richtig durch. Idealerweise kannst du es auch ausräuchern, damit sich mögliche Gedanken an Arbeit und Stress in Rauch auflösen. Es empfiehlt sich, das Schlafzimmer, oder besser noch die ganze Wohnung, am Wochenende einmal aufzuräumen und auszuräuchern. So, wie das Putzen die alltägliche Form der Reinigung darstellt, so ist das Räuchern die energetische Form und ebenso wirksam.

Übung

7 MINUTEN REINIGUNGSRITUAL MIT WEISSEM SALBEI

Öffne Fenster und Balkon- oder Terassentüren, damit der Rauch abziehen kann. Beginne an der Wohnungs- oder Haustür und an der jeweiligen Zimmertüre. Gehe alle Räume durch und beziehe auch die Ecken mit ein. Lasse dir Zeit. Wenn du siehst, dass an einer Stelle besonders viel Rauch entsteht, bleibe hier etwas länger. Bringe Klarheit in dein Schlafzimmer. Je ruhiger und ordentlicher, desto entspannter wird auch dein Schlaf sein. Entsorge alles, was dich an traurige oder schwierige Zeiten erinnert.

Der zirkadiane Rhythmus

Dein Körper ist ein einzigartiges Wunderwerk, das genau weiß, wann es Zeit ist, zu schlafen. Diese Fähigkeit, einer inneren Uhr entsprechend die Schlafenszeiten zu regeln, wird als zirkadianer Rhythmus bezeichnet. Darüber hinaus sorgt dieser Rhythmus dafür, dass zahlreiche Funktionen des Körpers gut zusammenarbeiten. Gelenkt wird diese Uhr von einem Bereich im Gehirn, dem suprachiasmatischen Nucleus (SCN). Dieses Kerngebiet mit rund 20 000 Neuronen befindet sich im Hypothalamus. Gesteuert wird der SCN durch das Tageslicht, das wir über die Augen aufnehmen. Sie scannen die unterschiedlichen Lichtverhältnisse und fordern den SCN auf, die innere Uhr mit dem Rhythmus der Umgebung abzugleichen. Das führt dazu, dass verschiedene Körperfunktionen aktiviert oder runtergefahren werden. Dieser Prozess steuert überlebensnotwendige Prozesse, wie zum Beispiel die Regulierung der Körpertemperatur, die Verdauung oder die Produktion unterschiedlichster Hormone. Verändern sich äußere Signale, wie zum Beispiel die Lichtmenge, kann der Prozess durcheinanderkommen. Das hat wiederum zur Folge, dass der natürliche Körperrhythmus gestört wird. Positive Schlafgewohnheiten sorgen hingegen dafür, dass der Prozess ungestört ablaufen kann.

Was der Schlaf für den Körper, ist die Freude für das Gemüt: Zufuhr neuer Lebenskraft.
Rudolf von Jhering,
deutscher Rechtswissenschaftler (1818–1892)

Tue dir selbst etwas Gutes mit wunderschöne Blumen.

Finde Ruhe und Geborgenheit in deinem Schlafzimmer.

Übung

ETABLIERE POSITIVE SCHLAFGEWOHNHEITEN

Etabliere eine sogenannte Schlafhygiene. Das sind Tipps, die deinen Schlaf fördern.

- Achte auf regelmäßigen Schlaf: Dein Körper liebt Regelmäßigkeit. Sie macht ihn so richtig glücklich und tiefenentspannt. Richte es so ein, dass du nach Möglichkeit immer zur gleichen Zeit einschläfst und aufwachst.
- Ausreichend Tageslicht: Dein zirkadianischer Prozess wird synchronisiert, indem du frühmorgens rausgehst und abends das Licht dimmst.
- Verbessere deine Lebensqualität, indem du auf Alkohol und Nikotin verzichtest. Nikotin macht wach und Alkohol dämpft und stört den Schlafrhythmus.
- Reduziere Reize: Verzichte abends darauf, in den sozialen Medien rumzuscrollen, brutale Actionfilme zu sehen oder noch E-Mails zu schreiben.
- Plane täglich genügend Zeit für Sport, Yoga und Meditation ein. Beginne den Tag am besten gleich mit einer Meditation. Sie wird dafür sorgen, dass du konzentrierter bei der Arbeit bist, gelassener auf Stress reagierst und somit weniger Sorgen mit in den Schlaf nimmst.
- Sorge für Ruhe und Geborgenheit: Sorge dafür, dass dein Schlafzimmer Sicherheit ausstrahlt. Ein Ort, der dich einlädt, dort zu verweilen, macht es leichter, dass du dort entspannt schläfst.
- Reduziere deinen Kaffeekonsum. Die letzte Tasse solltest du vor 14 Uhr trinken.

TAG 7

Sonntag

Sei für dich selbst da

Um wirklich glücklich zu werden, müssen wir lernen, gut zu uns selbst zu sein. Das klingt so einfach, fällt vielen Menschen aber leider doch viel schwerer als gedacht. Oft fällt es uns leichter, Menschen um uns herum Liebe zu schenken, als uns selbst. Wir stellen uns selbst an letzte Stelle, wenn es darum geht, jemandem etwas Gutes zu tun.

Sei dir selbst eine gute Freundin

Für unsere besten Freunde lassen wir im Notfall alles stehen und liegen und kümmern uns um sie. Wir schenken ihnen unser Ohr und unsere Zeit. Wenn es ihnen schlecht geht, muntern wir sie auf und sagen ihnen, dass sie nicht so streng mit sich selbst sein sollen. Und wie gehen wir mit uns selbst um? Frage dich einmal: Bin ich mir selbst eine gute Freundin oder ein guter Freund? Beantwortest du die Frage eher mit Nein, kann es daran liegen, dass du dir selbst gegenüber zu kritisch bist. Möglicherweise hast du an dich selbst den Anspruch, immer perfekt sein zu müssen, stark sein zu müssen und Glück nur verdient zu haben, wenn du in allen Lebensbereichen ablieferst.

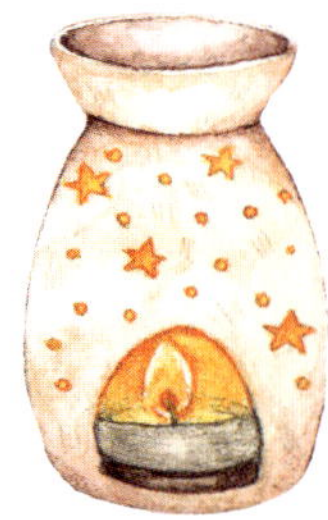

Verwöhne dich selbst mit schönen Düften.

Mit einer solchen Haltung kann es passieren, dass wir zu wenig auf das schauen, was uns tatsächlich immer wieder gelingt. Wir sehen nur unsere Fehler und Fehltritte. Möglicherweise lassen wir uns zudem auch von anderen ungerechtfertigterweise kritisieren und geben mehr auf deren Meinung über uns als auf unsere eigene Ansicht. Ein wichtiger Schritt auf dem Weg zum Glück ist, dass wir uns selbst Gutes wünschen und dass uns unsere eigenen Bedürfnisse, Gefühle und Zweifel wichtig sind. Dann wird alles, was wir tun, aus unserem Herzen kommen, und wir werden in der Lage sein zu erkennen, dass wir Fehler machen dürfen.

Glück ist kein Geschenk der Götter, sondern die Frucht innerer Einstellung.
Erich Fromm, Psychoanalytiker (1900–1980)

DEIN SONNTAGSRITUAL: ENTSCHEIDE DICH FÜR DICH!

Halte im Verlauf des Tages immer wieder inne und stelle dir die drei folgenden Fragen:

1. Bin ich für oder gegen mich?
2. Bin ich mir selbst treu?
3. Achte ich auf meine eigenen Interessen?

Diese drei Fragen sind dein Kompass zum Glück. Nur wenn du ganz zu dir, deinen Bedürfnissen, Wünschen und Visionen stehst, wirst du glücklich sein.
Es gibt Zeiten, in denen du besonders darauf achten solltest, dass du diese Fragen mit Ja beantwortest. Das sind Momente, in denen du dich falsch behandelt, frustriert, bedrängt oder überredet fühlst. Oder wenn du genau weißt, dass du etwas tun solltest, es aber nicht tust.

Achte auf dich und deine Bedürfnisse und Grenzen.

Sorge dich um dich selbst

Für dich selbst da zu sein meint, dass du dich ganz bewusst um dich selbst sorgst. Damit ist nicht gemeint, dass du narzisstisch um dich selbst kreist. Es bedeutet, dass du deine eigenen Bedürfnisse kennst und sie achtest. Damit gemeint ist auch, dass du deine eigenen Grenzen wahrnimmst und sie achtest. Es bedeutet, dass du deine Potenziale lebst, ohne dich dabei zu überfordern. Wenn du dies tust, wirst du dich zunehmend glücklich fühlen statt

Übung

7 MINUTEN GUTES AUFNEHMEN

Nimm dir Zeit und suche nach positiven Tatsachen oder guten Erfahrungen. Das kann die Sonne sein, die dein Gesicht küsst, oder der Song im Radio, der dir ein Lächeln ins Gesicht zaubert, weil er dich an deine erste große Liebe erinnert. Lasse dich in diesem Moment voll und ganz von dem Guten berühren. Auch wenn diese Liebe irgendwann zu Ende ging, so geht es um das gute Gefühl, das sie am Anfang ausgelöst hat. Vielleicht kommt dir der Gedanke, dass alte Erinnerungen längst vorbei sind oder du es gar nicht verdient hast, dich über die schönen Blumen in deinem Vorgarten zu freuen. Öffne dich für das Gute. Genieße es. Entspanne dich und nimm dieses gute Gefühl mit jeder Einatmung in dir auf. Versuche, dieses gute Gefühl eine kurze Weile aufrechtzuerhalten, ohne dich von irgendetwas ablenken zu lassen. Lasse deinen ganzen Geist von diesem guten Gefühl erfüllt sein. Und nimm es auch mit jeder Zelle deines Körpers wahr. Je länger du mit deiner Aufmerksamkeit dabei bleibst, desto mehr Neuronen werden aktiviert. Versuche deshalb insgesamt 7 Minuten bei dieser Erfahrung zu bleiben.

Du siehst, glücklich zu sein bedeutet, dass wir uns auf das Gute fokussieren. Und dieses Gute können oft kleine Dinge sine: die Liebeserklärung der Partnerin, eine nette Geste eines Kollegen, ein schöner Sonnenuntergang am Abend. Nimm all das bewusst wahr und nimm die Erlebnisse ganz in dir auf. Je bewusster du solche Erfahrungen machst, desto glücklicher wirst du sein.

schuldig, traurig oder wütend. Achte deshalb darauf, dass Menschen deine Grenzen akzeptieren und gut zu dir sind.
Auf diese Weise wirst du deiner besten Version deines Selbst helfen, der Mensch zu werden, der du sein möchtest, um rundum glücklich zu sein. Sollten dich dabei Schuldgefühle plagen, weil du dich für exzentrisch oder egoistisch hältst, denke daran: Wenn du gut zu dir selbst bist, kannst du auch anderen Menschen mehr geben, sie mehr respektieren und wertschätzen.

Den Blick für das Gute schärfen

Neurowissenschaftler haben herausgefunden, dass unser Gehirn sich mit Vorliebe auf das Negative konzentriert. Das hängt damit zusammen, dass unser Gehirn intensiver auf einen negativen Reiz reagiert als auf einen gleich starken positiven Reiz. Wir lernen eher aus schmerzvollen Erfahrungen als aus freudvollen Ereignissen. Hast du dich einmal verbrannt, bist du doppelt vorsichtig. Darum ist es so wichtig, sich ganz bewusst an positive Erfahrungen zu erinnern. Der Neurowissenschaftler Rick Hanson vergleicht unser Gehirn mit einem Magnet für negative Erfahrungen – und Teflon für Positives. Das bedeutet, dass unsere Handlungsstrategien und Glaubenssätze eher in eine negative Richtung gehen und sich somit unserem Glück entgegenstellen. Wie du auf den vorherigen Seiten schon gelernt hast, liegt es an dir, ob du dich damit zufriedengibst oder ob du dich entscheidest, den Blick ganz bewusst auf das Positive zu richten.
Leider müssen wir diese Entscheidung immer und immer wieder aufs Neue treffen. Die Ablenkungen im Außen sind zu groß, als dass wir davor gefeit wären. Entscheide dich deshalb jeden Tag aufs Neue für dich und dein Glück! Du wirst sehen, es lohnt sich.

Widmung

Für Marianne

Mögest du glücklich sein. Mögest du gesegnet sein. Mögen deine Visionen ihren Weg in die Welt finden. Mögest du als Botin einer Neuen Medizin Menschen Mut machen, an sich zu glauben.
Mögen wir zum Wohle aller Wesen etwas Neues und Gutes in die Welt bringen. Etwas, was die Menschen in Kontakt bringt mit ihrem eigenen inneren Glück. Jenem Glück, das unabhängig ist von äußeren Dingen.
So schön, dass wir einander begegnet sind.

BILDNACHWEIS

Mit 22 Farbfotos von Adobe Stock: simona (S. 10), M Bam/peopleimages.com (S. 13), chika_milan (S. 15 und S. 26), Prostock-studio (S.16), Joanrae P/peopleimages.com (S. 18), olly (S. 23), Yauhen (S. 24), LIGHTFIELD STUDIOS (S.29), Eastlyn Bright (S. 30), Michaela Begsteiger (S. 32), Floral Deco (S. 34 und S. 48), Kay Abrahams/peopleimages.com (S. 37), eduard (S.42), Myvisuals (S.45), glazunoff (S. 51), Viktoriia (S. 53), Olga Miltsova (S.54), sbph2021 (S.55), Ben White/Wirestock (S. 59) und fizkes (S.60) und 7 Illustrationen von Adobe Stock: S. 20 von Александра Низенко, alle anderen von iragraphics.

IMPRESSUM

Umschlaggestaltung von Gramisci Editorial Design, München / Claudia Geffert unter Verwendung eines Fotos von gettyimages/Emely (Cover) und 5 Farbfotos von Adobe Stock (vorne außen: simona, vorne innen: sonyachny, Julia und Beaunitta V W/peopleimages.com, hinten innen: Oleg).

Mit 22 Farbfotos und 7 Farbzeichnungen.

Unser gesamtes Programm finden Sie unter
kosmos.de/nymphenburger

MIX
Papier aus verantwortungsvollen Quellen
FSC® C014138
FSC www.fsc.org

Gedruckt auf chlorfrei gebleichtem Papier

ISBN 978-3-96860-017-8
Bildredaktion und Projektleitung: Ramona Kapp
Redaktion: Magdalena Kieser
Satz: Katrin Kleinschrot, Stuttgart
Produktion: Nina Renz
Druck und Bindung: Finidr, s.r.o., Český Těšín
Printed in The Czech Republic /
Imprimé en République Tchèque